글쓴이 하이디 트르팍

유치원 교사로 일하며 글을 써요. 첫 번째 책인 《모기가 할 말 있대!》로 2012년 프리들 호프바우어상과 2014년 독일 아동 청소년 문학상을 받았어요. 아이들에게 알려 주고 싶은 자연의 비밀을, 정확하면서도 재미있고 신나는 이야기로 풀어내려고 노력하고 있어요.

그린이 라우라 모모 아우프데어하르

독일 베를린 출신의 일러스트레이터예요. 이 책에 등장하는 모기의 문양과 색깔을 만들기 위해 여러 가지 꽃잎과 씨앗 그리고 풀들을 모았어요. 그 결과 실제와 놀랍도록 비슷한 멋진 그림이 탄생했지요.

옮긴이 이정모

연세대학교 생화학과를 졸업하고 같은 학교 대학원에서 석사 학위를 받았어요. 독일 본 대학교 화학과에서 곤충과 식물의 커뮤니케이션을 연구했어요. 안양대학교 교양학부 교수와 서대문자연사박물관장, 서울시립과학관장, 국립과천과학관장으로 일했어요. 어린이들에게 자연과 과학에 관한 다양한 이야기를 들려주기 위해 애쓰고 있어요. 쓴 책으로 《나는야 초능력자 미생물》, 《달력과 권력》 들이 있고, 옮긴 책으로는 《제이크의 뼈 박물관》, 《인간, 우리는 누구인가?》 들이 있습니다.

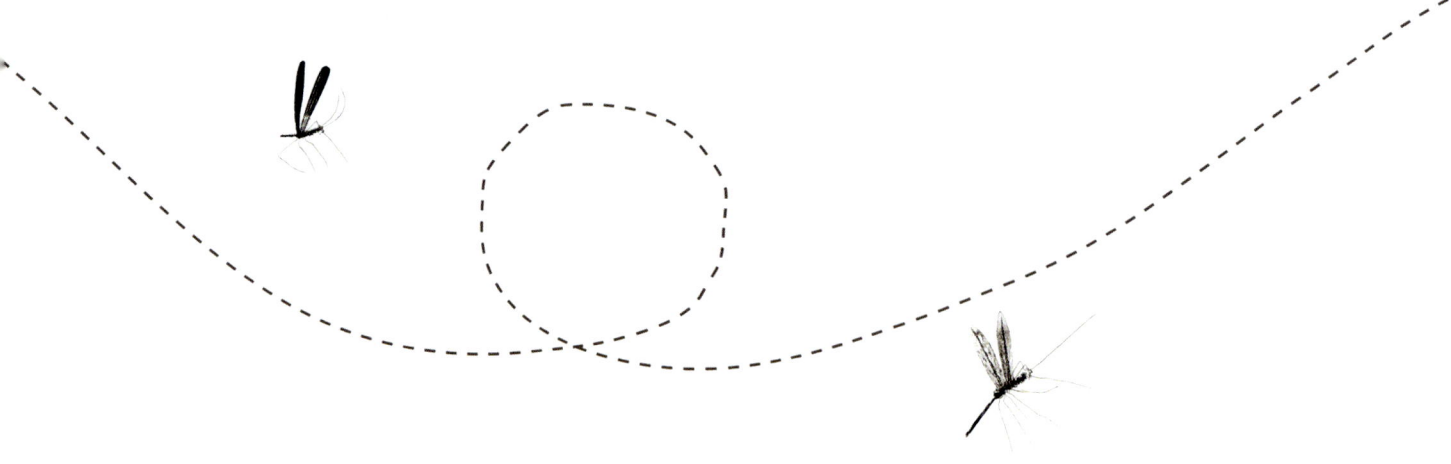

모기가 할 말 있대! 하이디 트르팍 글 | 라우라 모모 아우프데어하르 그림 | 이정모 옮김

1판 1쇄 펴낸날 2016년 6월 30일 | 1판 7쇄 펴낸날 2024년 6월 25일
펴낸이 이충호 | 펴낸곳 길벗어린이㈜ | 등록번호 제10-1227호 | 등록일자 1995년 11월 6일
주소 04000 서울시 마포구 월드컵북로 45 에스디타워비엔씨 2F | 대표전화 02-6353-3700 | 팩스 02-6353-3702 | 홈페이지 www.gilbutkid.co.kr
편집 송지현 임하나 황설경 박소현 김지원 | 디자인 디자인반짝 김연수 송윤정 | 마케팅 호종민 신윤아 이가윤 최윤경 김연서 강경선
경영지원본부 이헌성 김혜윤 전예은 | 제조국명 대한민국 | ISBN 978-89-5582-355-4 77490

GERDA GELSE. ALLGEMEINE WEISHEITEN ÜBER STECHMÜCKEN
written by Heidi Trpak, illustrated by Laura Momo Aufderhaar
ⓒ2015 Tyrolia-Verlag, Innsbruck-Vienna
Korean Translation Copyright ⓒ2016 by Gilbut Children Publishing All rights reserved.
The Korean language edition published by arrangement with Verlagsanstalt Tyrolia GmbH through MOMO Agency, Seoul.

이 책의 한국어판 저작권은 모모 에이전시를 통해 저작권자와 독점 계약한 길벗어린이㈜에 있습니다.
저작권법에 의하여 한국 내에서 보호를 받는 저작물이므로 무단 복제와 전재를 금합니다.

모기가 할 말 있대!

하이디 트르팍 글 | 라우라 모모 아우프데어하르 그림 | 이정모 옮김

길벗어린이

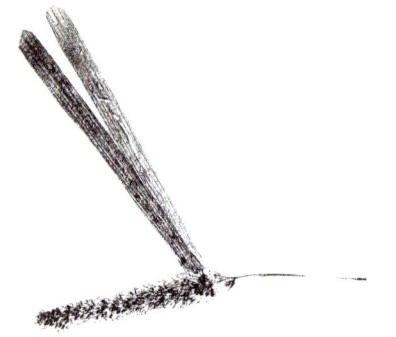

그림 1
모기는 곤충강, 파리목, 모깃과에 속하는 곤충이야. 물가에서 자주 만날 수 있지. 축축한 환경이 모기들에게는 아주 중요해.

안녕! 나는 암컷 모기 '게르다'야!

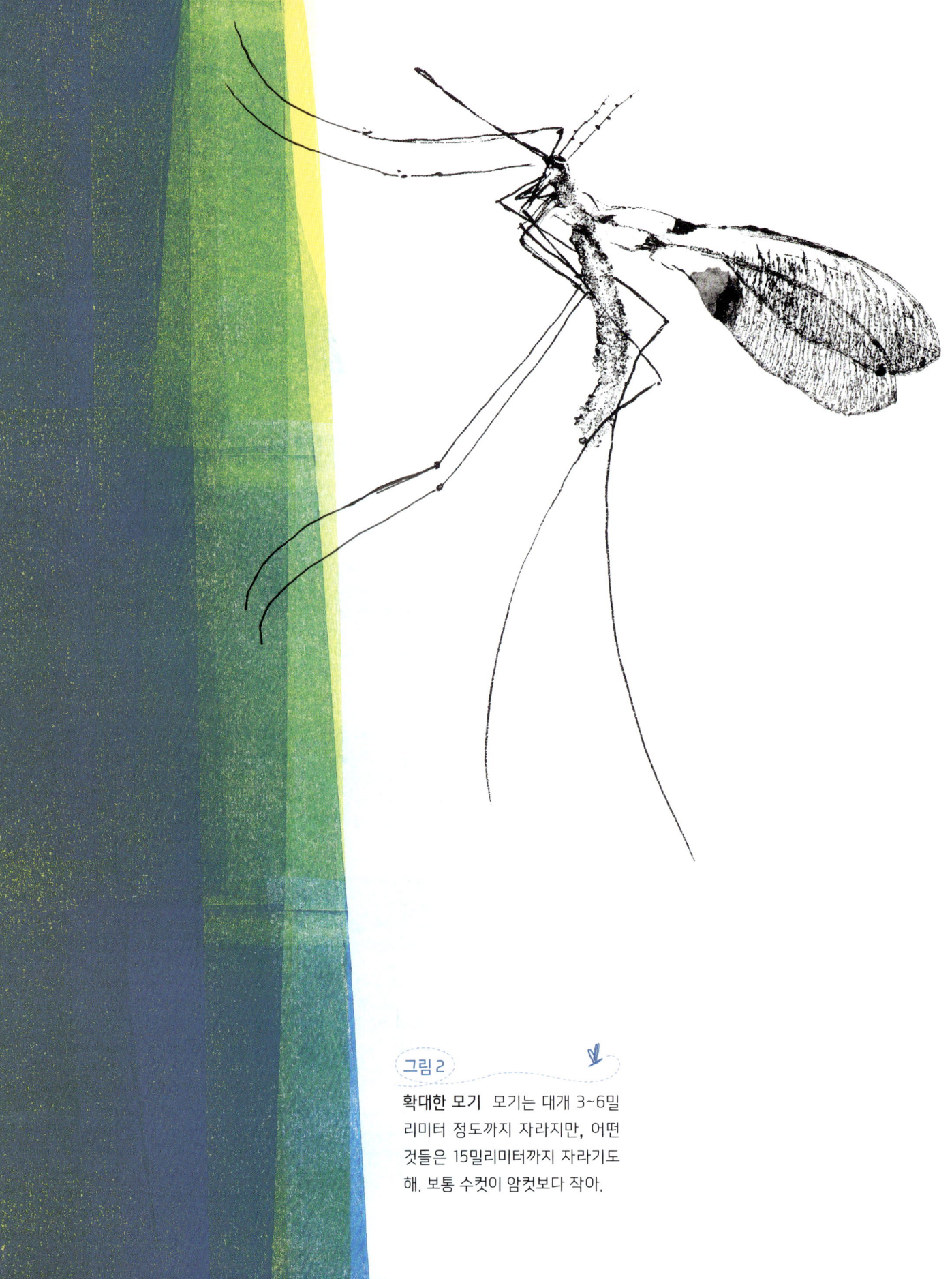

그림 2

확대한 모기 모기는 대개 3~6밀리미터 정도까지 자라지만, 어떤 것들은 15밀리미터까지 자라기도 해. 보통 수컷이 암컷보다 작아.

나는 8일 전에 알에서 나왔어. 부화한 거야.
하지만 벌써 다 자랐지.
우리 모기들은 3~8주 정도 살거든.

내 소개를 해 볼까?
나는 두 개의 투명한 날개와 털이 보송보송한 아름다운 더듬이,
그리고 바늘처럼 기다란 주둥이를 가졌어.
날씬한 몸에는 털이 난 다리가 여섯 개나 달렸고.

내 몸무게는 2밀리그램이야.
사람 머리카락 네 가닥 정도의 무게지.

내가 날 때면, 날개에서 멋진 사이렌 소리가 나.
너희도 내 노랫소리를 들을 수 있을 거야.
나는 너희들이 자려고 전등을 끄자마자 노래하는 걸 가장 좋아해.
그러면 너희들은 친절하게도 나에게 큰 손짓을 하지.
내가 찌르기 가장 좋은 곳을 찾을 때까지 말이야.
그리고 너희들이 잠들고 나면…….

맞아, 너희가 생각하는 것.
나는 너희 피를 빨아 먹지!
암컷들이 알을 낳으려면 피가 필요하거든.

그것만 아니라면 나도 맛있는 꽃의 꿀만 먹을 거야.
말하자면 나는 거의 채식주의자라고 할 수 있어.

그림 3
암컷 모기만 피를 빨아 먹어. 수컷들은 식물의 즙을 먹지.

나는 따뜻하고 바람이 없는 날을 가장 좋아해.

구름이 있는 날도 좋아. 햇빛을 너무 많이 받지 않아도 되니까.

폭풍이 불거나 추운 날에는 안전한 곳을 찾아서 숨어.

저녁때를 좋아해. 그 시간에는 다른 친구들과 함께 물 위에서 춤을 추지.

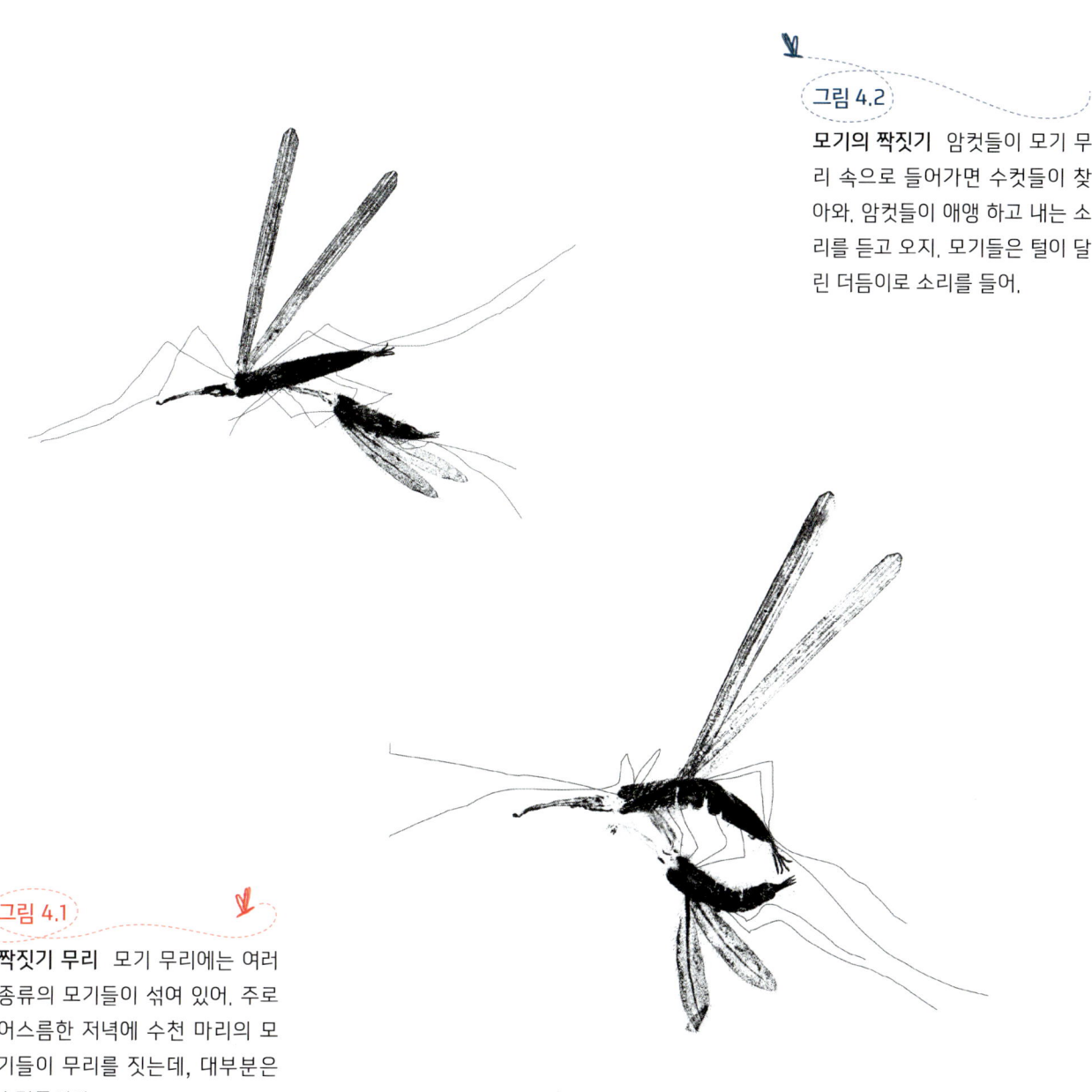

그림 4.2

모기의 짝짓기 암컷들이 모기 무리 속으로 들어가면 수컷들이 찾아와. 암컷들이 애앵 하고 내는 소리를 듣고 오지. 모기들은 털이 달린 더듬이로 소리를 들어.

그림 4.1

짝짓기 무리 모기 무리에는 여러 종류의 모기들이 섞여 있어. 주로 어스름한 저녁에 수천 마리의 모기들이 무리를 짓는데, 대부분은 수컷들이야.

 그림 5.1
찌르는 주둥이가 있는 암컷 모기
피를 빨아 먹는 암컷에게만 찌르는 주둥이가 있어.

내가 피를 빠는 이유는 알을 키우기 위해서야.
그래서 냄새가 나는 사람들을 찾아다녀.
다행히 너희들이 여름에 짧은 옷을 입기 때문에 피부를 찾아 찌르기가 쉬워.

적당한 위치를 찾은 다음에는 주둥이를 아주 조심스럽게 찔러 넣어.
난 코끼리는 아니지만 긴 주둥이가 있어. 찌르고 빨 수 있는 주둥이지.
찌를 때는 아주 조심스럽게 하려고 노력해. 너희들이 눈치채지 못하도록.
그런데 조금 가렵지? 그건 정말 미안하게 생각해.

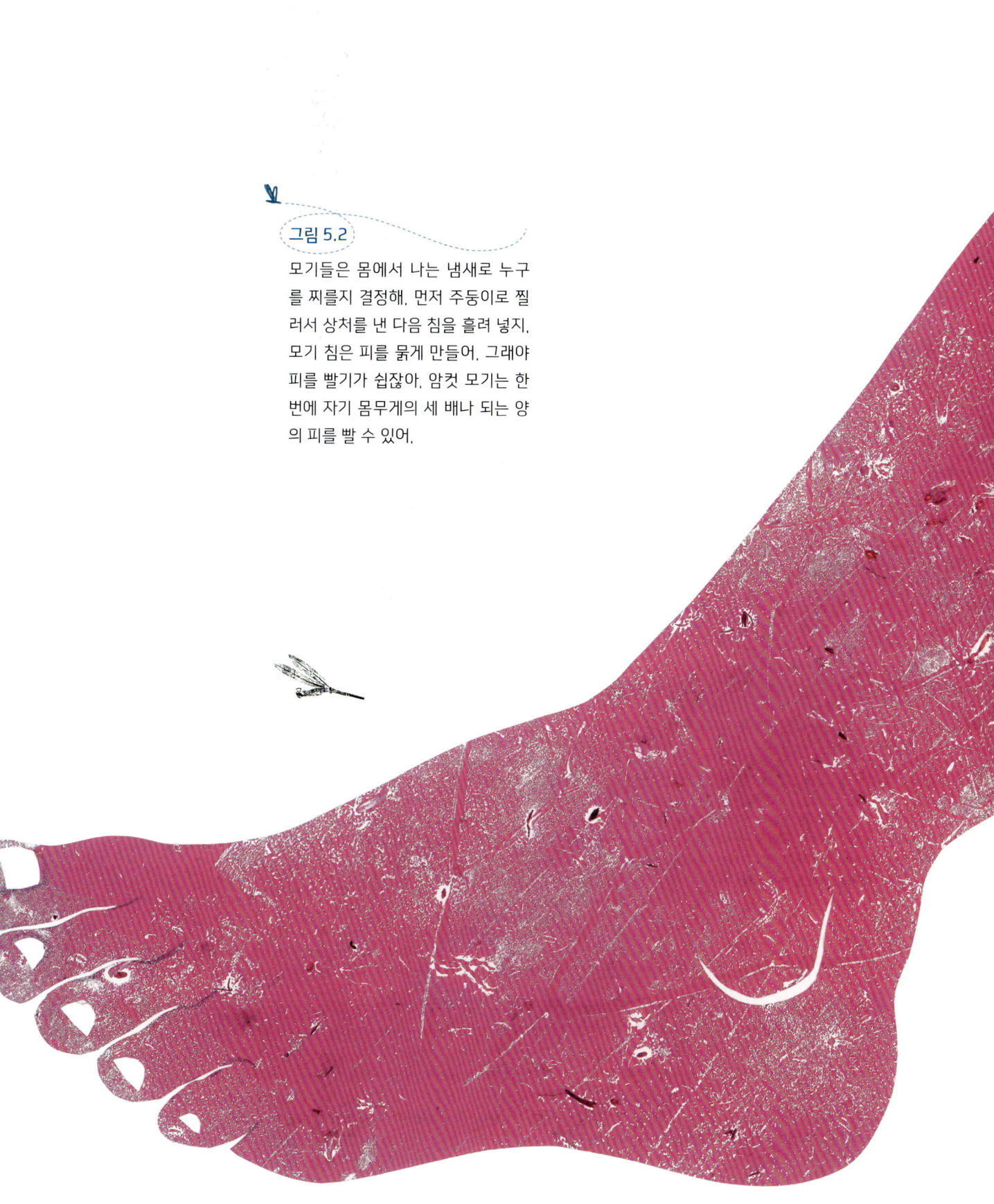

그림 5.2

모기들은 몸에서 나는 냄새로 누구를 찌를지 결정해. 먼저 주둥이로 찔러서 상처를 낸 다음 침을 흘려 넣지. 모기 침은 피를 묽게 만들어. 그래야 피를 빨기가 쉽잖아. 암컷 모기는 한 번에 자기 몸무게의 세 배나 되는 양의 피를 빨 수 있어.

내 주둥이는 아주 특별해.
너희에게 보이지 않을 정도로
아주아주 가늘지만, 다양한 기관이 있지.
이것을 침돌기라고 해.

사람들처럼 나도 윗입술과 아랫입술이 있어.
위턱과 아래턱도 있지.
이빨은 없지만 윗입술로 음식을 빨아 먹어.

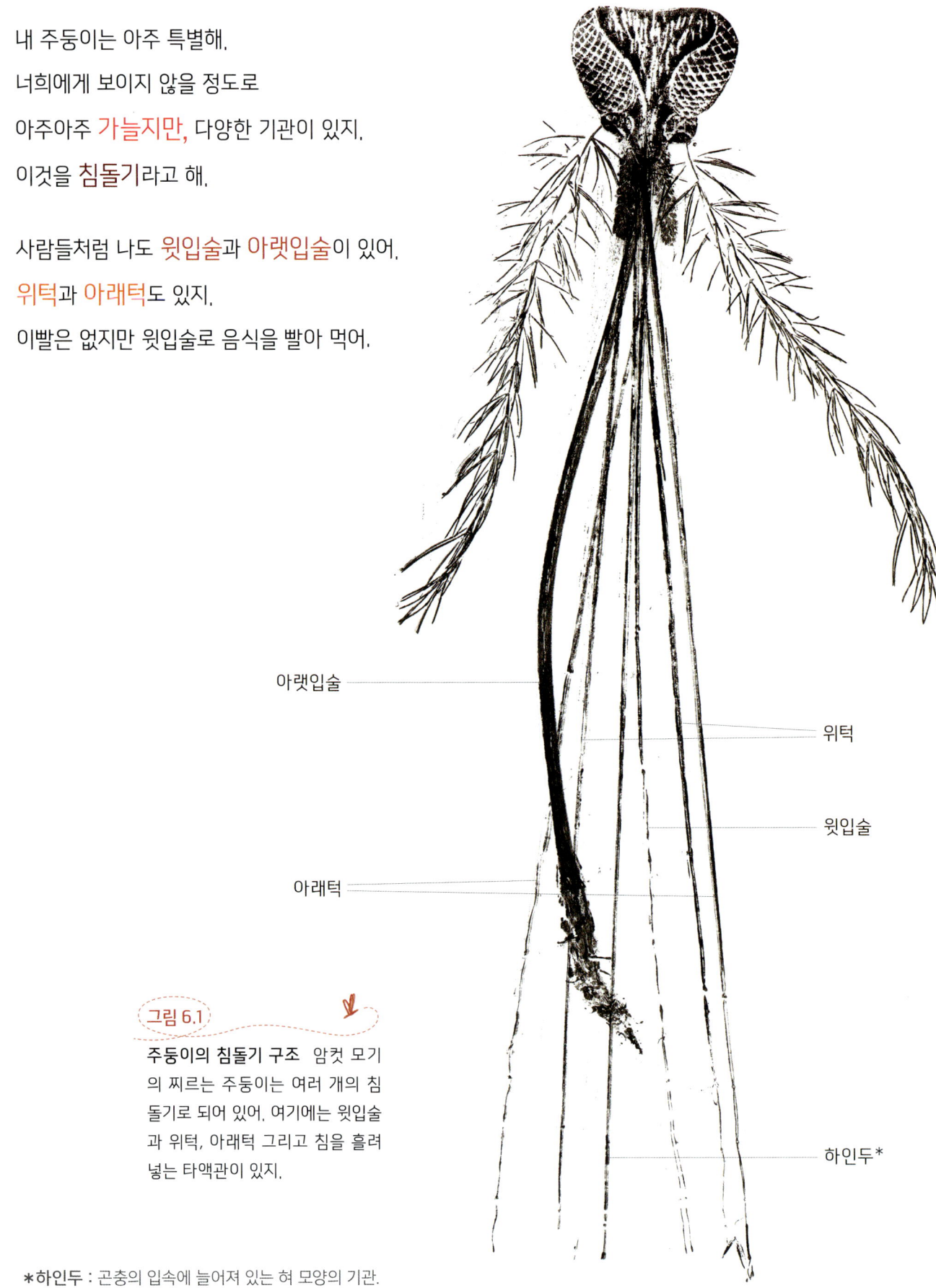

그림 6.1

주둥이의 침돌기 구조 암컷 모기의 찌르는 주둥이는 여러 개의 침돌기로 되어 있어. 여기에는 윗입술과 위턱, 아래턱 그리고 침을 흘려 넣는 타액관이 있지.

*하인두 : 곤충의 입속에 늘어져 있는 혀 모양의 기관.

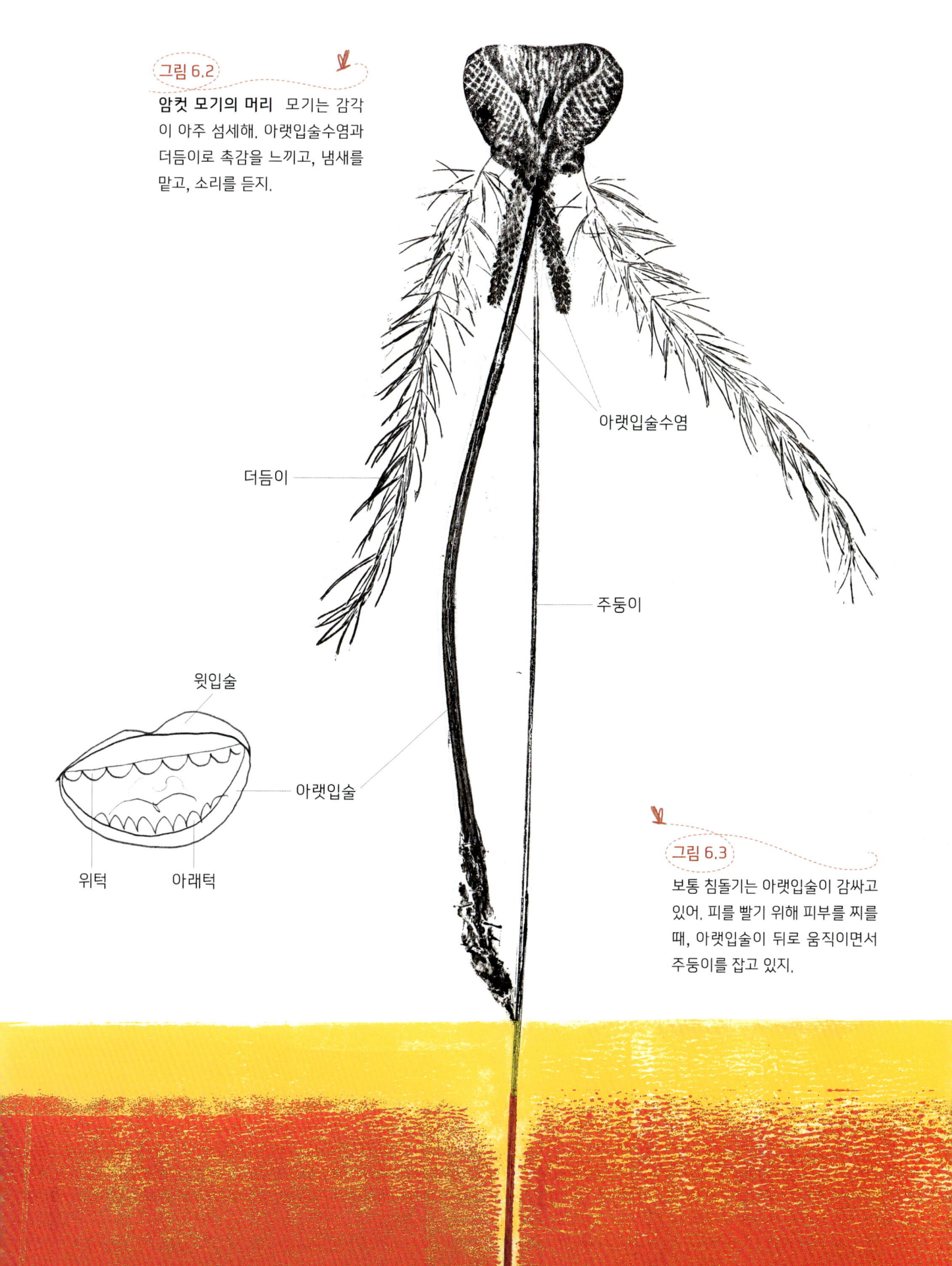

그림 6.2

암컷 모기의 머리 모기는 감각이 아주 섬세해. 아랫입술수염과 더듬이로 촉감을 느끼고, 냄새를 맡고, 소리를 듣지.

아랫입술수염

더듬이

주둥이

윗입술

아랫입술

위턱　아래턱

그림 6.3

보통 침돌기는 아랫입술이 감싸고 있어. 피를 빨기 위해 피부를 찌를 때, 아랫입술이 뒤로 움직이면서 주둥이를 잡고 있지.

그림 7.1
물 위에 별 모양으로 모여 있는 알
모기알들은 낱낱이 떨어져 있는데, 물이 흐르면서 별 모양이나 그물 모양으로 뭉쳐.

그림 7.2
집모기알은 뗏목 모양으로 서로 붙어 떠다녀.

너희 피 덕분에 내 알을 무럭무럭 키워서 낳을 수가 있어.

물웅덩이나 물이 가득 차 있는 빗물받이가 알을 낳기에 가장 좋아.
물에 물고기가 적으면 적을수록 내 알들에게는 좋지!

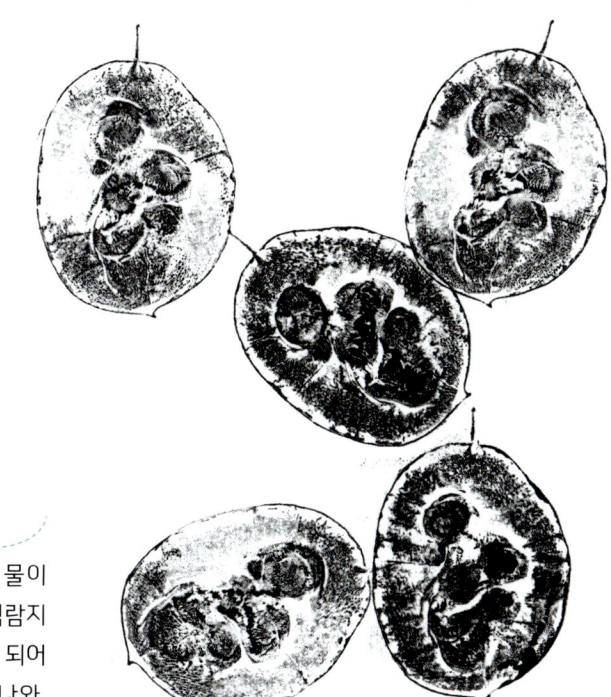

그림 7.3
확대한 숲모기 알 숲모기는 물이 없어도 알을 낳을 수 있어. 범람지의 마른 땅에 알을 낳아. 봄이 되어 물이 넘치면 알에서 애벌레가 나와.

하루에서 사흘 정도 지나면 알에서 모기 애벌레인 장구벌레가 나와.

장구벌레는 물에서 살지만 공기 중에서 숨을 쉬지.
숨 쉬는 모습이 아주 웃겨. 물속에서 머리를 아래로 향하고 거꾸로 매달려 있거든.
장구벌레의 엉덩이에는 기다란 대롱이 달려 있는데, 물의 표면에 닿아 있어.
이 대롱으로 숨을 쉬어.

급할 때는 얼른 잠수해서 몸을 숨겨!
말*이나 아주 작은 동물들을 먹으면서 쑥쑥 자라지.

*말 : 물속에 살면서 꽃을 피우지 않는 식물.

그림 8

물에 사는 장구벌레(애벌레) 물 1리터에 수백 마리의 장구벌레가 살 수 있어. 덥수룩한 털이 있어서 물속에서도 잘 움직여.

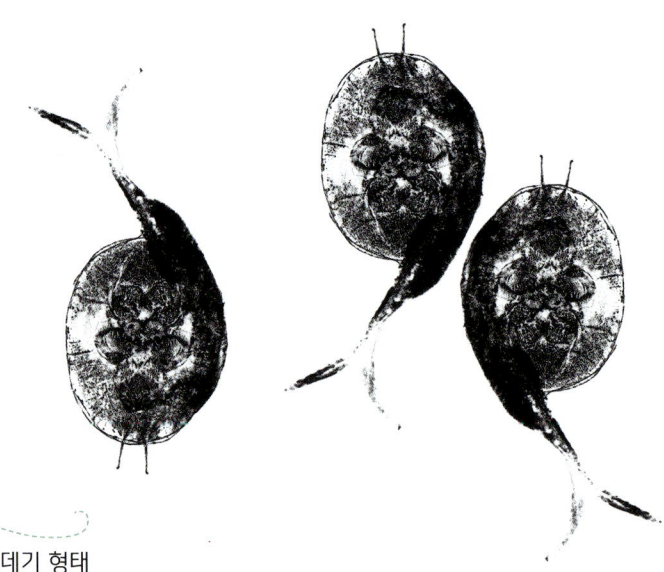

> **그림 9.1**
> **모기 번데기** 모기는 번데기 형태로 물에서 더 살아야 해. 이때는 가슴에 있는 두 개의 작은 뿔로 숨을 쉬어.

장구벌레는 여러 차례 허물을 벗어.

그럴 때마다 조금씩 더 커지지. 그러다가 번데기가 되는 거야.

이제 조용히 쉴 차례야. 이때는 아무것도 먹지 않는데, 오랫동안은 아니야.

며칠만 지나면 아이들이 태어나거든. 내 아이들이 얼마나 똑똑한지 알아?

한두 시간 만에 나는 법을 배운다고!

자, 이제 출발이다!

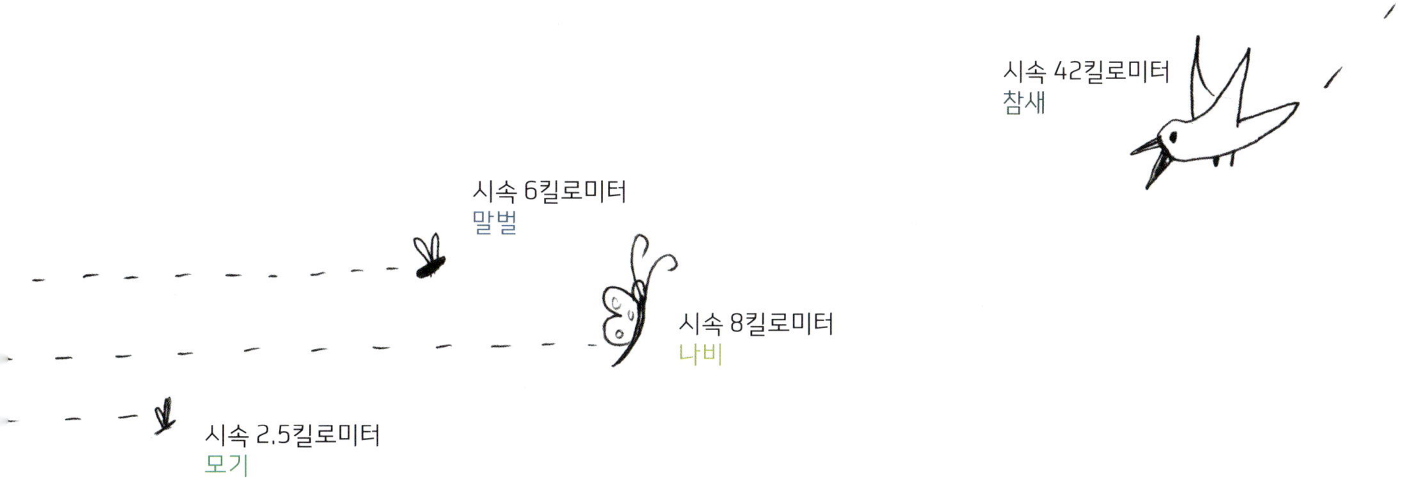

시속 42킬로미터
참새

시속 6킬로미터
말벌

시속 8킬로미터
나비

시속 2.5킬로미터
모기

그림 9.2

우화하는 모기 번데기는 부화할 때 물 위에서 몸을 옆으로 쭉 뻗어. 그러면 번데기의 껍데기가 찢어지면서 다 자란 모기(성충)가 미끄러져 나오지. 이것을 '우화'라고 해.

그림 10

모기는 먹이 사슬에서 아주 중요한 구성원이야.

이제 내 아이들은 아주 조심스럽게 행동해야 해.
우리를 맛있는 먹잇감으로 생각하는 동물들이
아주 많거든. 새, 잠자리, 개구리, 거미 같은
동물들이 우리를 통째로 잡아먹으려고 노리지.

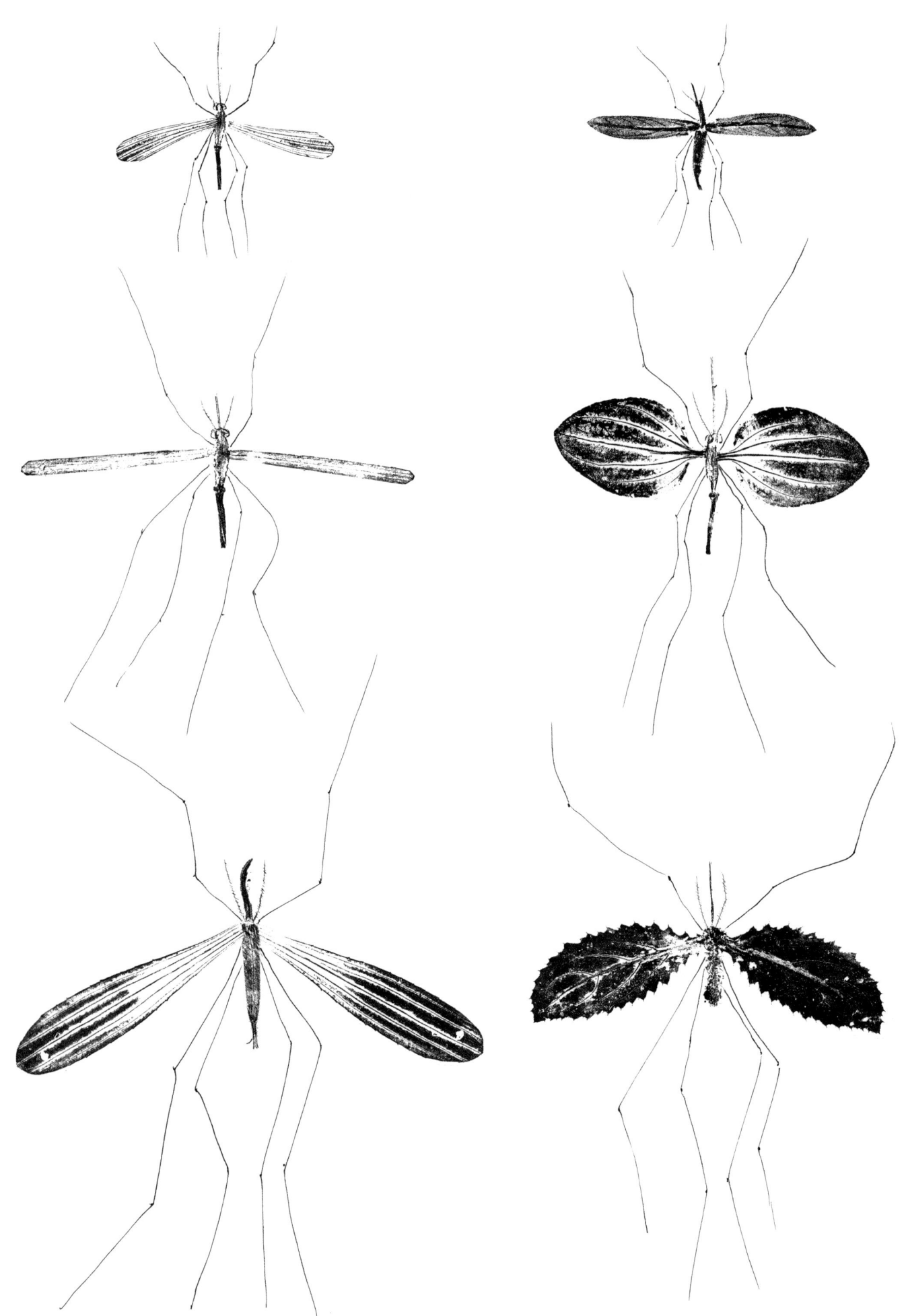

모기의 종류는 아주 다양해.

하지만 모두 같은 과에 속하기 때문에 무척 비슷해 보이지.

너희 사람들은 시력이 좋지 않아서 참 안됐어.

나를 제대로 관찰하려면 현미경으로 봐야만 할걸.

아름다운 날개와 늘씬하게 긴 다리를 제대로 보려면 말이야.

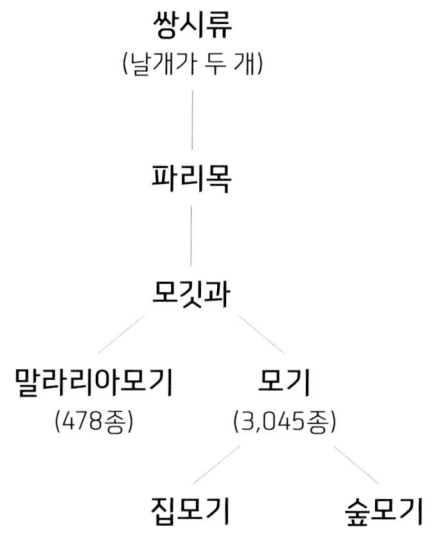

쌍시류
(날개가 두 개)
│
파리목
│
모깃과
├── 말라리아모기 (478종)
└── 모기 (3,045종)
    ├── 집모기
    └── 숲모기

모기의 계통

강 : 곤충
아강 : 유시(날개가 있다는 뜻)
상목 : 신곤충
목 : 쌍시(날개가 두 개라는 뜻)
아목 : 파리
과 : 모기
아과 : 말라리아모기(478종)와 모기(3,045종)
'모기아과'에는 집모기와 숲모기가 있음.

그림 11

모기의 종류 전 세계에 살고 있는 모기는 거의 3,000종류나 돼. 우리 나라에는 집모기, 숲모기 그리고 학질모기라고도 하는 말라리아모기가 살고 있어.

우리 모기들은 아주 특별한 존재야! 이미 8천만 년 전부터 지구에서 살고 있거든.
지금은 세상에서 사라진 공룡들하고도 서로 알고 지냈다고.

모기는 전 세계에 살고 있어.
사막과 남극 그리고 북극은 빼고 말이야.
어휴, 거기는 너무 덥거나 너무 추워서 도저히 우리가 견디지 못해.

우리는 전 세계 말로 이름을 갖고 있어. 세계 어디에나 살고 있으니까.
어떤 언어에서는 여러 가지 이름으로도 불려.
'오스트리아 독일어'로는 겔젠인데 '스위스 독일어'로는 슈타운젠,
남쪽 독일 사람들은 쉬낙켄이라고 하고, 북쪽 독일 사람들은 뮉켄이라고 해.

너희들이 우리를 뭐라고 부르든 괜찮아.
누가 뭐래도 우리는 너희와 함께할 테니까!

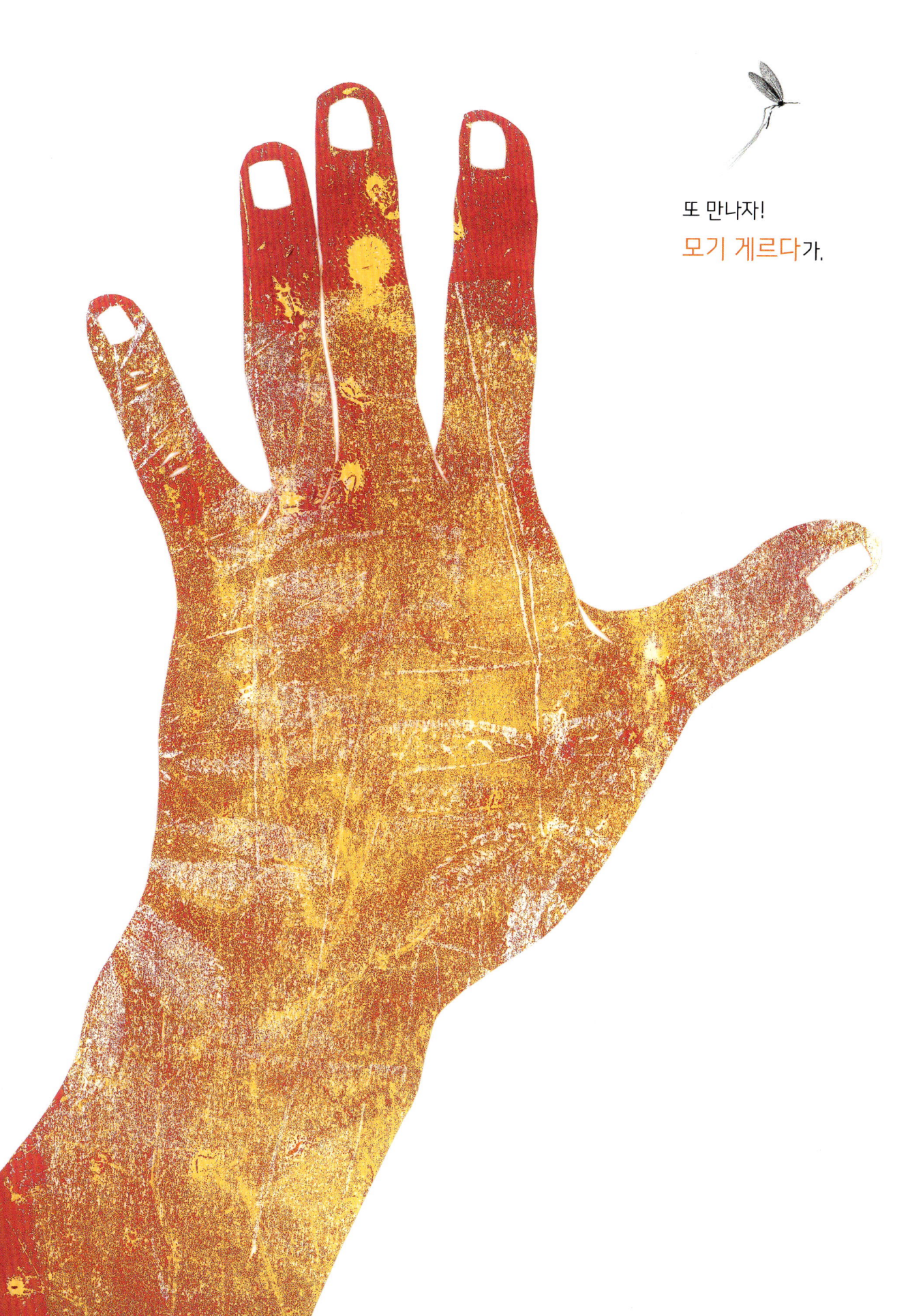

또 만나자!
모기 게르다가.

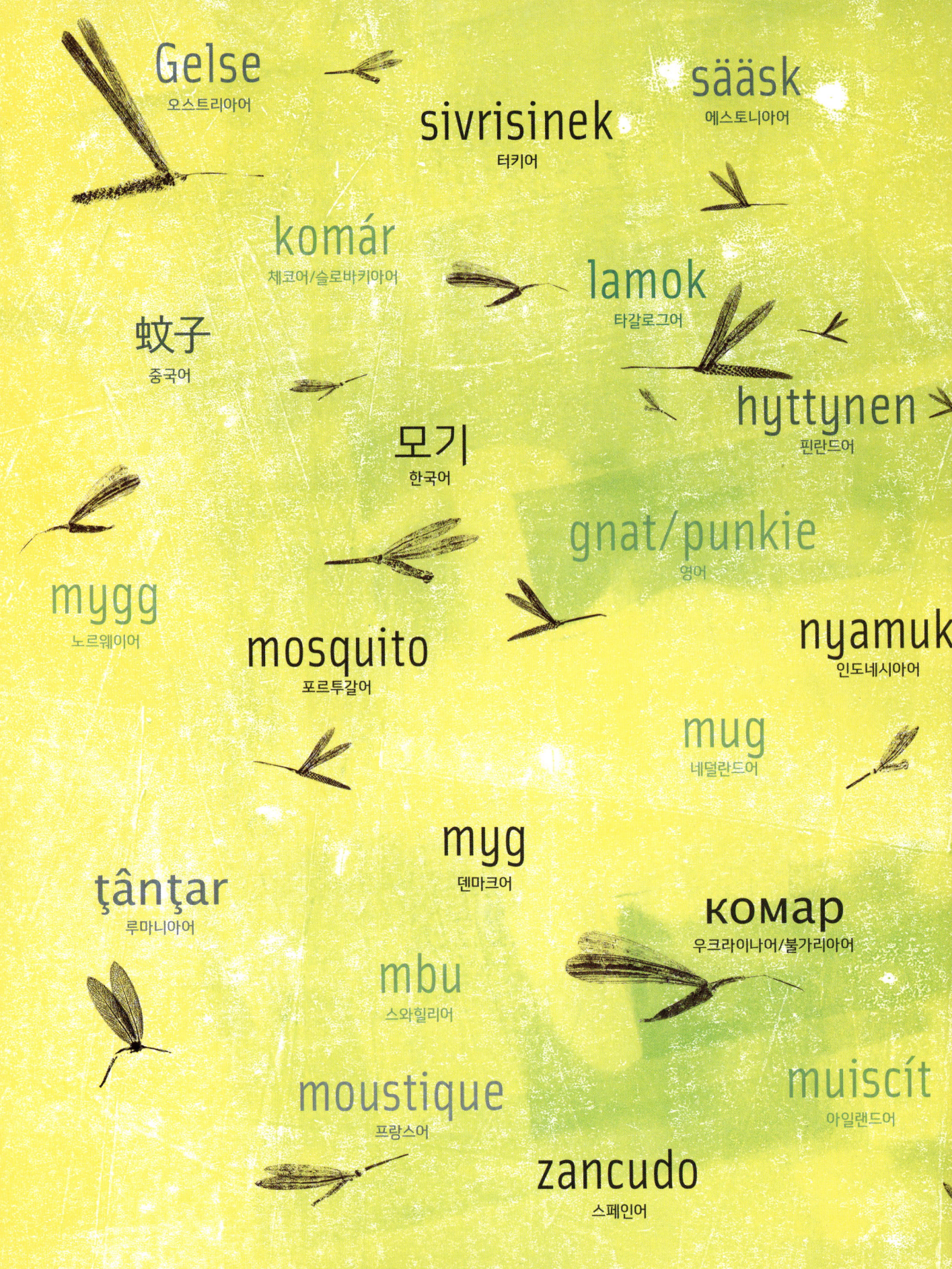